OBSERVATIONS

SUR

LE PROJET DE LOI

RELATIF

AU TARIF DES SUCRES

DES COLONIES FRANÇAISES

PAR

M. FÉRY D'ESCLANDS

Avocat à l'île Bourbon.

PARIS

IMPRIMERIE DE L. TINTERLIN ET Cᶜ

RUE NEUVE-DES-BONS-ENFANTS, 3.

1856

OBSERVATIONS

SUR

LE PROJET DE LOI

RELATIF

AU TARIF DES SUCRES

DES COLONIES FRANÇAISES.

La question du tarif des sucres, soumise à l'examen du Corps législatif, touche à une période suprême ; elle suspend la redoutable épée de Damoclès sur la tête des habitants des colonies françaises menacées de subir le principe radical de l'égalité des droits.

L'exposé des motifs qui accompagne le projet de loi, indique avec une grande netteté la pensée du gouvernement. Il s'agit d'examiner si « nos colonies sont dans une situation telle « qu'elles puissent, pour leur principale production, se passer « désormais d'un encouragement spécial, ou si, au contraire, « le gouvernement doit leur continuer en totalité ou en partie « les avantages dont elles ont été dotées par le décret de 1852. »

La question prend ainsi un caractère simple ; elle se trouve dégagée de considérations théoriques qui la mettaient au rang des questions politiques les plus importantes, elle est livrée à l'étude du législateur sous le point de vue pratique. M. le conseiller d'État Butenval, dans son rapport au Corps législatif,

1

est arrivé à cette conclusion : « Bien que le travail soit en pro-
« grès dans les colonies, évidemment elles ont besoin encore
« d'encouragements de la part de l'État. On doit d'ailleurs tenir
« compte des circonstances extraordinaires qui ont contribué
« à faciliter le placement des sucres coloniaux dans ces der-
« niers temps sur le marché métropolitain. »

Les relevés officiels justifient cette opinion ; ils constatent
une réduction de 40 0/0 et de 29 0/0 dans les revenus de la
Guadeloupe et de la Martinique, de 1853 à 1855, par rapport
aux années 1845 à 1847.

Il est vrai que l'île de la Réunion augmentait ses productions de près de 50 0/0 dans la même période ; mais nous di-
rons bientôt à quel prix cette augmentation a été obtenue.

Il ressort de ceci un grand fait qui s'élève au-dessus de
toute considération, c'est que les *colonies d'Amérique sont en
pleine décadence ;* qu'aucune prévision logique ne peut fixer un
terme à cette situation.

S'il m'est permis d'exprimer toute ma pensée, je dirai que le
gouvernement eût été plus préoccupé de cet état de choses, si
la *prospérité apparente* de l'île de la Réunion n'avait un peu
détourné son attention des malheurs de nos colonies d'Amérique. Cette prospérité fût-elle réelle, serait-il juste d'exposer
la Guadeloupe et la Martinique aux perturbations soudaines
qui seraient le résultat inévitable de la législation proposée,
véritable oraison funèbre du principe de la protection due aux
colonies ?

L'exposé des motifs reconnaît qu'il serait nécessaire de
maintenir la législation actuelle ; mais il fait observer » que *des
« considérations d'un ordre plus général* conseillent de limiter

« les sacrifices que le trésor public s'impose en faveur des
« colonies, et de ramener à un traitement égal le sucre indi-
« gène et le sucre colonial. » Il serait impossible, peut-être,
de préciser ces considérations exceptionnelles, et, quelles
qu'elles fussent, pourraient-elles balancer le danger de porter
le découragement et la ruine au milieu de populations françaises déjà si fortement éprouvées par le changement radical
de leur régime intérieur ?

Ce droit différentiel qui protége les sucres coloniaux, est,
dit-on, un sacrifice que le Trésor s'impose, et qu'il est temps
de limiter.

Je ne veux pas traiter ici la question d'économie politique
qui se rattache à cette idée. Je dirai seulement que les lois qui
favorisent certaines industries, loin de tarir les ressources du
Trésor, les développent. La prospérité de ces industries donne
aux agents de production et de circulation une impulsion qui
accroît la fortune publique.

Ai-je besoin de rappeler que nos colonies emploient annuellement près de 700 navires montés par 8,500 marins et
jaugeant 170,000 tonneaux ? Qu'elles consomment pour une
valeur de 60,000,000 de marchandises françaises ? Qu'elles
procurent au Trésor 33,680,000 fr. de droits d'importation.

J'ai dit que la prospérité de la Réunion, qui paraît avoir
réveillé l'idée de la parité des droits, n'est d'ailleurs qu'apparente ; tous ceux qui voudront étudier la situation de cette
colonie, sans prévention et avec la logique des faits, en seront
convaincus. Elle a exporté, de 1853 à 1855, une moyenne de
37,261,000 kil. de sucre par an, contre 25,537,000 pour la
période de 1845 à 1847 ; il résulte de cette comparaison une

augmentation de 11,724,000 kil., on en conclut qu'elle est dans un état de prospérité.

Avant l'introduction des Coolis, la Réunion manquait de travailleurs ; possédant moins d'esclaves que les autres colonies, elle était en déficit sur la Guadeloupe de 9,965,000 kil., et sur la Martinique de 4,984,000 kilos.

Cette appréciation rétrospective a son utilité ; elle démontre que, pour placer la Réunion au niveau de la Guadeloupe et de la Martinique, cette colonie avait à augmenter ses anciens revenus dans les proportions que je viens d'indiquer. Les sacrifices qu'elle s'est imposés pour atteindre ce résultat et pour étendre ses revenus sont incalculables.

Au moment de l'émancipation, il existait à la Réunion 62,000 esclaves environ, dont 45,698 étaient employés à la principale de nos productions. En 1852, époque qui commence la période prise pour terme de comparaison par le Gouvernement, les 1,383 propriétaires qui représentaient cette industrie, n'avaient à leur service que 10,565 de ces 45,698 affranchis. On voit, dans un document publié par le Comice agricole, que « non-seulement beaucoup d'affranchis « avaient abandonné les cultures coloniales, mais encore que « 18,000 environ d'entre eux ne fournissaient pas de recense- « ments, et avaient échappé aux recherches des autorités mu- « nicipales. »

On a donc été obligé de remplacer ces déserteurs du travail par des bras étrangers qu'il fallait introduire à tout prix, au risque de voir s'écrouler cette société si fortement ébranlée par l'émancipation !

Il est facile de constater le nombre de ces immigrants. Il en existait 2,797 au 31 décembre 1847 ; nos besoins successifs en ont élevé le nombre à 37,724 à la fin de 1854, soit 34,927 depuis l'émancipation, au prix moyen de 400 fr. (ce prix a varié de 3 à 600 fr.) ; ce qui constitue un débours de 13,970,800 fr. pour la période de 1848 à 1854, auquel il faut ajouter : 1° le prix du salaire payé aux Coolis et que l'esclave, propriété privée, ne recevait pas, c'est-à-dire 10 fr. par mois, ou 20,956,200 fr. pour cinq années ; 2° celui des 10,300 affranchis engagés pour la même période, c'est-à-dire 6,180,000 fr. Le surcroît de dépense occasionné par l'émancipation est donc, pour cinq ans, de 41,107,000 fr., et pour une année, de 8,221,400 fr. Je ne comprends pas dans ces débours le coût des rapatriements annuels des Coolis, qui ont commencé en 1854 et dont le nombre s'élève au moins à 3,000 par an, au prix de 50 fr. l'un ; ni les nouveaux frais de nourriture, de culture, d'administration, qui s'élèvent dans la proportion de l'accroissement des prodnits.

Que penseront les hommes sérieux et vraiment équitables, lorsqu'ils songeront que ce sacrifice de 41,107,000 fr., qui doit être renouvelé tous les cinq ans pour remplacer le travail esclave, n'a eu d'autre compensation que l'indemnité définitive de 42,000,000 environ, accordée à la Réunion pour la dépossession de ses 62,000 esclaves ? Que penseront les auteurs imprévoyants de la réforme trop précipitée de l'émancipation, lorsqu'ils songeront que l'indemnité coloniale n'a assuré le travail que pour cinq ans ; que, désormais, cette indemnité étant épuisée, les colons sont livrés à leurs propres ressources ? Nous voudrions savoir comment M. Schœlcher lui-même concilierait cette situation avec ce qu'il écrivait sur

les colonies françaises. « Indemnité, parce que c'est assurer la
« réussite de la grande mesure, amoindrir la secousse inévi-
« table, *en donnant aux colons les moyens nécessaires d'en-*
« *tretenir le travail libre.* »

Une pareille atteinte portée à la fortune publique, laisse des
traces que le temps efface difficilement. Ces traces ne sont
que trop constatées par l'état hypothécaire de la Réunion, qui
élève à 86,094,525 fr. la dette de cette colonie, sur une valeur
totale de 102,166,000 fr., prix officiel et approximatif des
88,000 hectares de terres cultivables.

Cette dette énorme a été contractée en grande partie depuis l'émancipation. Il faut y ajouter les valeurs mises en circulation au profit de la Banque et du commerce pour solder
les frais d'engagements et de rapatriements.

Qu'il me soit permis de placer en regard de ce tableau, ces
graves paroles prononcées en janvier 1851 par M. le comte
Beugnot, organe de la commission des sucres : « On doit pen-
« ser que sous le régime de l'égalité des droits, et en suppo-
« sant même que le travail n'eût pas diminué aux colonies, le
« sucre de betterave aurait peu à peu chassé devant lui le sucre
« exotique, pour enfin l'expulser totalement du marché de
« la métropole. »

Avant de m'expliquer sur les chances de l'avenir, je dois
constater que les sacrifices des colons depuis l'émancipation,
constituent un état permanent, et qu'ils devront les renouveler
annuellement s'ils veulent maintenir leurs produits au chiffre
moyen de 37,261,000 kil. Ils auront donc à entretenir environ
50,000 travailleurs, dont 40,000 sont demandés à l'immigration. Cette opinion est également celle du Comice agricole de

la Réunion, qui s'est prévalu de l'expérience de l'île Maurice, qui produit 70,000,000 de kilog. et possède 68,000 immigrants.

J'ai parlé des chances de l'avenir : rien ne permet d'espérer qu'elles nous soient favorables. Le Gouvernement avait cru que, par le renouvellement des engagements à la Réunion, les planteurs seraient dispensés de payer la prime d'introduction, ce qui eût constitué une économie annuelle de près de 3,000,000. C'est une erreur désormais officiellement constatée. Les immigrants ont trop le sentiment de leurs intérêts pour ne pas exiger de leurs patrons une prime de réengagement précisément de la même valeur que les frais d'importation ; c'est un acte de justice auquel la loyauté des colons n'a aucune objection à opposer, et qu'ils ont intérêt à encourager.

Ceux qui se sont rendu compte des causes qui ont élevé les produits de la Réunion, savent que le terme moyen de 37,261,000, assigné à ses revenus, ne peut être maintenu longtemps.

Le droit différentiel admis en faveur des sucres exotiques en 1852, a engagé les colons à mettre en culture toutes leurs terres inférieures, en friche depuis nombre d'années. Les produits de ces plantations ont été réalisés en 1854 et en 1855. Ces terres seront encore délaissées, et elles ne produisent qu'après un très-long repos.

Les immigrations qui avaient favorisé notre développement industriel se font avec moins de succès à Pondichéry, seul lieu de recrutement où la compagnie, subventionnée par le Gouvernement en faveur des colonies d'Amérique, livre une concurrence redoutable aux producteurs de la Réunion. Ainsi les engagements n'ont pu s'élever, en 1855, à plus de 2,500 Coolis; ils avaient atteint l'année précédente le chiffre de 8,766.

Le résultat de notre dernière production, celle de 1855, ne justifie que trop nos appréhensious! Cette production s'est abaissée de plus de 10 millions de kilogrammes sur l'année 1854.

Les ports d'armement le savent, car plus de vingt de leurs navires n'ont pu trouver à charger à la Réunion et ont été forcés de se replier sur l'Inde, où ils ont fait des opérations désastreuses.

L'expérience des phénomènes climatériques prouve qu'une série d'années passées sans ouragans est suivie d'une série contraire. Qui sait si nous n'avons pas atteint la fin de la période favorable, qui compte déjà plusieurs campagnes?

La situation que je viens d'exposer est connue de tous les hommes pratiques qui ont étudié la question coloniale. Le Gouvernement apprécie et regrette cette situation, mais il nous dit par l'organe du Conseil d'Etat, que les principes sur l'égalité des droits, conseillent de ramener à un traitement égal le sucre indigène et le sucre colonial. Cette déclaration ne rappelle-t-elle pas la grande menace partie de la tribune française à une autre époque : « *Périssent les colonies plutôt* « *qu'un principe!* »

Ainsi c'est pour consacrer un principe et pour un amour platonique de l'égalité, que la France s'exposerait à ruiner ses colonies et sa marine!

- Mais ce principe, où est-il? Quelles autorités l'ont préconisé? Quel peuple l'a mis en pratique? Je crois pouvoir l'af-

firmer, l'égalité des droits en matière industrielle **est une uto-**
pie dont les parties intéressées se servent pour écraser une
industrie rivale. Aujourd'hui, c'est au nom du trésor public
qu'on l'invoque.

Étrange anomalie! le monde vient d'assister à un fait immense : la France sacrifiant ses trésors, versant le sang de ses
nobles enfants pour réprimer l'ambition d'un peuple altier et
pour asseoir sa prépondérance en Europe; et en même temps
elle expose ses colonies et sa marine à une nouvelle décadence,
dans l'espoir de réaliser une augmentation de recette de huit
millions !

M. le directeur des contributions indirectes, dont l'initiative,
sur cette question, a exercé une action puissante, n'a peut-
être pas songé que la richesse d'une nation dépend moins du
chiffre de l'impôt assigné à certaines industries que du développement de ces industries et de celles dont la fortune leur
est pour ainsi dire subordonnée.

Chez aucun peuple, l'égalité des droits de douanes n'a été
admise comme un principe absolu. Les économistes les plus
hardis eux-mêmes ont posé des conditions à la pratique de
leurs théories; ils ont établi une distinction entre la *protection* et le privilége.

La protection n'est autre chose qu'un secours nécessaire
pour établir l'égalité et pour détruire le privilége qui favorise
des produits rivaux; par conséquent, elle est l'une de nos lois
sociales les plus indispensables.

Comment se pourrait-il qu'il existât une société intelligente
qui ne sût pas trouver les moyens d'assurer l'existence d'une
industrie dont le développement est utile à sa puissance!

Aucun pays plus que la France, si ce n'est l'Angleterre, n'a mis en pratique le principe de l'impôt protecteur. Pour ne prendre qu'un exemple, je citerai précisément les immunités dont nos lois ont entouré la sucrerie indigène. Ceux qui les ont étudiées s'étonnent de l'étendue de ces immunités ; elles ont exonéré le sucre de betterave de *cent quatre-vingts millions* de droits, soit d'une manière absolue, de 1826 à 1836, soit par un régime différentiel de 1836 à 1843. L'égalité de taxe entre les deux productions nationales n'a été établie que lorsque le Gouvernement a jugé que l'existence et le développement de la sucrerie indigène étaient assurés. Les conséquences de cette mesure sont indiquées dans le rapport de la célèbre commission des sucres de 1851 : « La sucrerie indigène continua, « de son côté, d'augmenter sa production en dépit d'un droit « qui, chaque année, s'élevait de 5 francs, et l'augmenta « dans une proportion plus forte que les colonies n'augmen- « taient la leur. »

Après cet exemple, est-il permis de dire que les principes d'économie politique exigent le sacrifice d'un intérêt national? Les hommes d'État savent échapper aux entraînements de doctrines purement spéculatives et aux rêveries des réformateurs. Nous savons que certains économistes ont dit : « Que « la production ne doit pas reposer sur des bases artificielles; « qu'il faut renoncer aux industries qui ne prospèrent qu'à « l'abri du privilége. »

Le Portugal s'est laissé séduire par ces théories ; il s'est engagé par le traité de Mithuen à admettre les laines fabriquées en Angleterre, contre l'engagement que cette habile nation prenait de recevoir les vins d'Oporto. On sait que ce traité, comme tous ceux de la même nature, a été aussi funeste à l'une que favorable à l'autre des deux nations contractantes. Le Portugal a ruiné ses fabriques de drap auxquelles la concurrence anglaise livrait un combat tellement inégal que ce pays est devenu, pour ainsi dire, un vaste comptoir anglais. On l'a dit, avec une grande raison, une nation *ne peut pas se borner à produire ce qu'elle produit le mieux et à bon marché*. Les industries sont comme les hommes ; il faut les protéger quand elles sont faibles et les émanciper seulement quand elles ont acquis la force de se protéger elles-mêmes.

Le législateur doit donc toujours équilibrer l'infériorité relative des productions de son pays par des tarifs protecteurs. C'est ainsi que se développent des industries que le système de parité aurait anéanties dès leur berceau.

Ceux qui préconisent le plus le libre-échange, sont ceux précisément qui ont le plus usé, et peut-être abusé, du système contraire. Nous ne voudrions pas d'autre exemple que l'Angleterre pour justifier notre pensée.

Qu'on se reporte à la situation de ce grand peuple vers le milieu du dix-septième siècle. La Hollande avait le monopole des transports maritimes. Tout le monde connaît la mémorable transformation qui s'est opérée à ce moment par l'acte de navigation de 1652. Cet acte interdisait aux vaisseaux étrangers le transport des marchandises qui n'étaient pas produites par les pays d'où ils venaient ; il frappait de droits presque prohibitifs les marchandises dont l'introdution était autorisée. L'industrie anglaise a été protégée par des primes qu'aucun peuple n'avait osé pratiquer. La peine de mort même a été prononcée contre quiconque ferait sortir du royaume une machine à filer.

Qui ne sait avec quelle énergie l'Angleterre a maintenu ce système protecteur ! Elle a consacré près de deux siècles à grandir sa navigation et son industrie à l'ombre de ce système, et lorsque ses produits inondaient tous les marchés du monde, « de telle sorte qu'ils y étaient déjà naturalisés quand « ceux des autres nations industrielles commençaient à peine « à y paraître, » alors, l'Angleterre s'est décidée à se départir de son système de protection ; et, chose remarquable, elle y a été conduite par un ministre dont la haute prudence égalait la profondeur de ses vues. « Aujourd'hui, disait sir Robert « Peel, l'Angleterre possède des capitaux cinq fois plus considé- « rables qu'aucune des autres nations de l'Europe ; les produits « de notre industrie *ne redoutent aucune concurrence. Le* « *moment est venu de livrer la grande bataille des rivalités.* »

C'est après la révolution de 1848 que ce grand ministre s'exprimait ainsi ; c'est-à-dire cent quatre-vingt-dix-sept ans après l'acte de navigation. Cet acte célèbre n'avait éprouvé une première atteinte qu'en 1825, sur la proposition de M. Huskisson, qui n'a constaté que la seule infériorité de la soie dans la fabrication anglaise.

J'ai dit que le droit différentiel n'était autre chose que *le rétablissement de l'égalité* dans les deux industries nationales; en effet, peut-on contester les avantages relatifs assurés à la sucrerie indigène qui fonctionne sur le lieu de la consommation, et dont les produits sont livrés au commerce national ou étranger immédiatement et sans intermédiaire ?

Les productions coloniales, au contraire, sont assujetties à des charges incalculables : droits de dépôt, d'embarquement, d'exportation, dus à leur sortie des lieux de production ; fret de transport, élevé quelquefois jusqu'à 160 fr. le tonneau, assu-

rance maritime, commission d'expédition, de vente, de ducroi-
re, s'élevant à plus de neuf pour cent du produit net; déchet,
avaries, le plus souvent sans recours possible ; réfactions, etc.

Les colonies sont en outre privées des capitaux et de ces
grandes associations qui permettent de tenter des innovations
qui, peut-être, modifieraient leur position que complique encore l'excessive cherté du travail libre et la difficulté de l'or-
ganiser définitivement.

Ce sont ces considérations qui ont fait admettre le droit
différentiel comme une compensation et jamais comme un
privilége. Elles ont inspiré ces nobles paroles en 1851, du
haut de la tribune nationale : « Au nom de l'égalité propor-
« tionnelle, vous devez faire une différence en faveur des pos-
« sessions des Tropiques! (1) »

Ces paroles s'adressaient à une assemblée qui savait, sui-
vant l'expression de l'un de ses membres les plus considéra-
bles, que les rapports des colonies avec leur métropole étaient
tellement exceptionnels, que certaines faveurs accordées à
leurs produits dans les tarifs, *n'avaient rien de contraire à la
justice distributive.* La sucrerie indigène, disait-il, est née et
a grandi à l'ombre des droits de ce genre ; aujourd'hui la fortune a changé.

Le régime exceptionnel est, en effet, la règle générale dans
les colonies : système politique et municipal; régime des fi-
nances, des douanes, de l'impôt, du commerce et de la
navigation ; tout est d'exception.

Ce régime, qualifié de pacte colonial, constituait à son ori-
gine un double monopole : celui de la métropole, qui soumet-

(1) M. Hubert-Delisle, gouverneur de l'île de la Réunion.

tait les colonies à son industrie, à son commerce, à sa navigation; celui des colonies, qui soumettait la France à n'admettre sur son marché que les produits coloniaux.

On connaît l'histoire de ce pacte colonial; la France a admis et encouragé une industrie rivale qui a livré aux colonies une concurrence telle, qu'elle les a mises à deux doigts de leur perte; elle a abaissé les barrières qui arrêtaient le trop grand développement de l'importation du sucre étranger ; elle a prononcé brusquement l'émancipation et n'a accordé, pour toute indemnité, qu'une somme à peine suffisante pour rétablir le travail pendant cinq ans !

Et pourtant les colonies ont été invariablement maintenues, à l'égard de la mère-patrie, à l'état de dépendance absolue que j'ai défini plus haut.

Le principe de la parité des droit eût-il prévalu d'une manière fatale pour les industries exercées dans la métropole , pourrait-on jamais se prévaloir des lois de la logique pour l'imposer aux colons que l'on contraints à vivre sous le régime de l'exception qu'ils subissent contre leurs convictions !

Je sais qu'un tarif protecteur n'est pas un principe ; c'est une mesure prise pour compenser l'état d'infériorité d'une industrie qu'on veut conserver et développer. C'est un état anormal, je le veux bien ; mais un état qui forme la base de la législation actuelle de la France pour ses produits métropolitains, et que l'Angleterre a maintenu pendant deux siècles : c'est une nécessité d'économie politique à l'égard de laquelle un maréchal de France, aussi grand capitaine que célèbre agronome, disait à la tribune nationale en 1840 : « La majo-
« rité de la commission des sucres, dont je suis l'organe,

« pense que s'il est reconnu que la conservation de l'industrie
« indigène est du plus haut intérêt pour l'avenir du pays, et
« qu'elle ne peut se maintenir qu'avec une protection, *le prin-*
« *cipe d'égalité doit fléchir.* »

Dans quelles conjonctures songe-t-on à assigner un terme
fatal au droit protecteur? l'exposé des motifs s'exprime ainsi
à cet égard : « De 1853 à 1855, les envois de la Guadeloupe,
« de la Martinique et de la Réunion ont éprouvé un affaiblis-
« sement assez sensible qui se traduit par 14,894,000, soit
« 16 1/2 pour cent. »

..... « Bien que le travail soit en progrès dans nos colonies,
« évidemment elles ont besoin encore d'encouragement de la
« part de l'Etat. »

Il est vrai qu'on espère que dans un avenir prochain elles
pourront braver toutes les concurrences!

Ainsi, c'est sur une hypothèse que tous les précédents dé-
mentent, que sera joué le sort des colons ; il me semble qu'il
est bien plus simple d'attendre l'accomplissement de l'événe-
ment heureux qu'on annonce.

Le Gouvernement est toujours maître de la position.

La précipitation dans les réformes ordinaires compromet
souvent les progrès industriels; à l'égard des colonies, cette
précipitation est une témérité dont l'effet le plus certain sera
d'arrêter l'élan des planteurs. Qui sait même s'ils ne s'exagé-
reront pas les conséquences de la mesure qui les menace? Il
suffit de faire naître l'hésitation pour paralyser les moyens
d'action.

Chose étrange! jusqu'ici les changements qui ont été opérés
dans les tarifs, ont été sollicités par la sucrerie coloniale, par

le sucre indigène ou par le commerce d'armement représentant le sucre étranger ; on invoquait la loi de la nécessité. Aujourd'hui, le sucre indigène est au plus haut point de sa prospérité ; il retire un nouveau profit de la distillation de la betterave, pour en extraire l'alcool depuis ces dernières années si stériles pour la production vinicole ; aussi, bon nombre de fabriques de sucre se sont-elles livrées à cette nouvelle industrie.

On sait combien la marine s'est développée ; ses opérations se sont multipliées à ce point, que les chantiers de construction ne suffisent plus pour répondre aux commandes des ports d'armements.

Qu'on se le persuade bien, ce n'est pas au profit de l'une des deux industries nationales, que l'égalité des droits s'établirait ; le sucre étranger en recueillerait principalement les avantages, N'est-il pas vrai que, malgré la taxe différentielle, le sucre de betterave vit et grandit à côté du sucre des colonies ? La production étrangère elle-même a augmenté considérablement ses opérations sur nos marchés, à l'aide d'un récent abaissement de surtaxe que le Gouvernement a accordé comme mesure transitoire, mais qui est encore maintenue.

L'industrie indigène est trop fortement organisée, elle a des représentants trop puissants, pour ne pas braver la concurrence étrangère qu'une légère surtaxe mettra toujours dans un état d'infériorité à son égard.

Mais en est-il ainsi des colonies, qui ont sur l'industrie étrangère le désavantage d'un prix de revient excessif, et qui restent soumises au pacte colonial qui les astreint à une consommation annuelle de 60 millions d'objets français, si chèrement apportés au lieu de consommation?

Ceux qui n'hésitent pas à préparer la chute des productions exotiques par l'abolition du droit protecteur, songent sans doute à les remplacer par le sucre étranger, et à lui demander les 34,000,000 d'impôt qu'ils procurent. Cette pensée n'est pas née d'aujourd'hui ; on a vu des hommes représentant le commerce d'armement, émettre plusieurs fois ce vœu. Qui n'aperçoit ce que ces idées ont de faux et de funeste pour une nation industrieuse ? Quoi ! la France renoncerait à un produit national, pour le remplacer par un produit étranger dont elle développerait la fortune ? J'en conviens, ce système produirait une certaine augmentation d'impôt, mais à quel prix, en perdant plus du tiers de sa navigation commerciale, et du vingtième de son commerce général !

Ce n'est pas ainsi que pense le chef de l'État ; ce qu'il écrivait en 1842 à l'égard du sucre de betterave, nous sommes heureux de l'appliquer avec autant de raison à cette autre production nationale. « La fabrication du sucre indigène, source de « richesse pour l'agriculture et l'industrie, *ne doit jamais être* « *sacrifiée à un intérêt commercial, et encore moins à un in-* « *térêt fiscal,* car en oubliant ces principes on subirait le sort « de l'Espagne, qui a déchu de l'empire du monde parce qu'elle « a abandonné son agriculture et son industrie pour son com- « merce. »

Ces profondes idées n'ont pas été partagées par tous les membres de la commission du Corps législatif ; il a été question, dans cette commission, d'appliquer immédiatement la parité des droits aux deux productions nationales, avec abaissement de la surtaxe du sucre étranger. On proposait en même temps d'accorder aux colons une indemnité de 24 millions avec lesquels ils remplaceraient la canne par d'autres cultures, s'ils n'étaient plus en état de soutenir la concurrence de la betterave et des sucres étrangers. Il est donc nécessaire de parler des cultures auxquelles on fait allusion : c'est-à-dire le cotonnier, les caféières, le cacaoyer, le giroflier, qui existaient avant l'introduction de la canne, en 1650 pour les Antilles, et beaucoup plus récemment pour la Réunion.

On sait que ces plantations sont presque totalement détruites. Un rapport, adressé au Gouvernement en 1849, constate que « la canne est la seule plante réellement cultivée, et qui « fournisse un produit agricole et commercial. »

Le cotonnier, plante facile à reproduire, ne pourrait supporter la concurrence de l'Amérique et celle de l'Inde dont le travail est à bon marché.

Le caféier est un arbuste qui ne vit qu'à l'aide d'un abri profecteur, si ce n'est dans des régions favorisées par un climat exceptionnel. Les arbres tuteurs sont longtemps à venir. Le caféier lui-même ne donne son fruit qu'en six ou sept ans. De toutes les productions coloniales, aucune ne redoute autant la concurrence étrangère. Nos importations sont de 35,000,000 de kil. et les colonies ne participent à ce mouvement que pour 1,275,000 kil. Le Brésil, Haïti, Cuba, Porto-Rico envahissent nos marchés, malgré le droit différentiel de 15 fr. qui protége nos produits dont l'emploi est d'ailleurs fort restreint. La France ne consomme que 0,475 grammes de café par personne, contre 4 kilos la Hollande, et 6 kilos l'Angleterre.

Le cacao se tire de Maragnan dans le Pérou, et de la Province de Vénézuala dans l'Amérique du sud. Aucune lutte sérieuse ne peut être livrée à ces productions popularisées dans toutes les fabriques européennes.

La giroflier n'était un revenu commercial qu'à la Réunion. Dans les autres colonies : « plante isolée, il suffisait à peine à « la consommation. » Cet arbre, qui met plus de dix ans à produire, a été presque entièrement détruit à la Réunion par les ouragans, ou pour faire place à la canne.

Il est inutile de parler des céréales, des bois de construction, des écorces, des fourrages, de la faune domestique ; malgré leur variété, il est impossible d'en attendre jamais un élément d'industrie principale ; ils suffisent à l'usage des populations coloniales et voilà tout.

Je ne sais si les idées qui ont été émises à l'égard de ces ressources nouvelles sont sérieuses ; dans ce cas, elles manquent d'étude.

Et en supposant même qu'il fût possible d'y revenir, malgré la mauvaise fortune des essais très-multipliés qui ont été tentés, quelle serait la position des colonies pendant la longue période nécessaire pour en obtenir des résultats rémunérateurs ?

Comment pourraient-elles arriver à payer leurs dettes hypothécaires ?

Les 24 millions d'indemnité dont il a été question dans la commission législative, compenseraient-ils la perte des revenus dont le Gouvernement a évalué le terme moyen à 88 millions de kilogrammes de sucre, et des immenses matériels qui constituent nos 300 usines environ, formant un capital de plus de 60 millions de francs !

On a souvent accusé les colons de n'avoir pas su réduire leurs frais de production, comme s'il n'étaient pas liés à cet égard par la loi de la nécessité qu'ils subissent. Est-il en leur pouvoir de diminuer les frais du travail libre, par exemple, ceux d'immigration, qui procurent à la marine réservée un profit considérable? Ne sont-ils pas dans la même dépendance pour le transport des substances alimentaires et pour leurs exportations? Les colonies peuvent-elles éviter les frais de toute nature dont j'ai parlé, frais imposés par leurs relations obligées? elles n'ont de liberté qu'à l'égard de la stipulation du salaire des engagés. Assurément ce n'est pas sur ce labeur que les colons voudraient réaliser une économie !

Un reproche non moins injuste, celui de résister à l'adoption d'usines perfectionnées, leur a souvent été adressé. Ce reproche a pris un caractère sérieux depuis qu'il a eu pour organe le savant baron Thénard, dans la discussion de la loi 1843. Oubliant la distance qui sépare la vérité expérimentale, sortie du laboratoire du chimiste, de la vérité manufacturière, il disait à la Chambre des pairs que les colons ne retiraient de la canne que 7 ou 8 pour cent de matière sucrée, quoiqu'elle en contînt 18 pour cent; que ce déplorable résultat était dû à l'infériorité des usines et à la routine des producteurs.

En vérité, je ne sais comment expliquer un reproche aussi peu sérieux. Non, l'intelligence coloniale n'a jamais fait défaut aux appels de la science; il n'existe pas un procédé, quelque compliqué qu'il soit, employé par la sucrerie de betterave, qui n'ait été expérimenté dans les colonies.

Voici ce que, dès 1841, MM. Ch. Derosne et Cail écrivaient : « Depuis 1838, la colonie de Bourbon est en posses« sion d'un système complet de fabrication qui a accompli au-

« jourd'hui trois campagnes successives *avec la perfection la*
« *plus désirable, et avec une régularité qui n'est surpassée*
« *dans aucune fabrique du continent.* »

Aux Antilles, M. E. Thomas a constaté en 1849 « l'exis-
« tence de plusieurs usines centrales *dont l'installation a*
« *exigé une première mise dehors de plus de* 1,200,000 *fr.* »

Ces usines n'ont jamais pu faire dépasser de plus de 2 pour
cent les produits obtenus par les procédés ordinaires ; et cette
augmentation a été obtenue moyennant des sacrifices *qui ren-*
daient ce résultat négatif.

Je rapporte ici la conclusion de M. Thomas.

Nous savons que la composition normale de la canne donne
18 parties de sucre, 10 de ligneux, 72 d'eau. Mais nous n'i-
gnorons pas que les études de nos chimistes les plus éminents
n'ont jamais pu aboutir à trouver, par la manipulation manufacturière, le moyen d'expulser le sucre de la canne, en l'isolant
complétement du ligneux ; que l'industrie est fatalement con-
damnée à abandonner plus de la moitié de matière saccharine.
On a pensé dans la métropole que les planteurs considéraient
le ligneux de la canne comme indispensable pour l'évapora-
tion ; et qu'en vertu de cette considération, ils se soumettaient
au sacrifice de leurs produits pour conserver ce combustible.
Je ne sais comment qualifier une censure aussi amère de la
simplicité des colons ; je ne connais de comparable à cette
simplicité que le conseil qu'on leur donnait de remplacer le
ligneux par le charbon de terre, dont le prix de revient les
aurait obligés de fermer leurs usines.

Qu'on se le persuade bien, la canne est tellement pulvérisée
après le laminage, que la bagasse qu'elle produit, n'entre que

pour une part insignifiante dans le combustible, qui se compose principalement de la paille ou enveloppe de ce roseau.

Les critiques qui ont accusé les colonies de maintenir leurs usines dans les vieilles routines, ont-ils compté sérieusement sur les avantages qu'ils ont annoncés?

Ces reproches, renouvelés toutes les fois que le législateur est appelé à équilibrer les conditions de la lutte des deux industries nationales par des droits protecteurs, ces reproches ne sont-ils pas formulés comme fins de non-recevoir et pour échapper à la taxe de protection?

Car enfin, ces usines et ces méthodes qu'on accuse les colons de dédaigner, *où sont-elles?*

La France, l'Angleterre, la Hollande ont fourni aux colonies des modèles que des planteurs intelligents et hardis ont introduits dans leurs établissements. On connaît le résultat de ces innovations; elles ont amélioré l'industrie sucrière, c'est incontestable; mais elles n'ont pas avancé d'un pas le problème de l'extraction de la partie saccharine qui reste dans le ligneux après le laminage.

En présence de ces faits, M. Thomas déclare « que le pro« blème de l'amélioration de la fabrication du sucre a été mal « posé. »

Cela est vrai; mais qu'a-t-on proposé? qu'il me soit permis de le rappeler.

M. Mathieu de Dombasle, savant agronome, et M. Péligot, ont indiqué le procédé de macération et celui de dessication. Tous deux disaient, comme on l'a répété avec une cruelle persistance : « Qu'il était temps que les colons se persuadassent « qu'il y a plusieurs manières d'extraire le sucre de la canne;

« qu'il ne leur était pas impossible de sortir leur industrie de
« l'ornière dans laquelle ils la maintenaient depuis si long-
« temps. »

L'histoire de l'application au sucre de canne de ces deux
découvertes n'est que trop connue aujourd'hui.

Le procédé de macération, reposant sur le principe des
lavages méthodiques et successifs à l'eau chaude, et le procédé
de dessication consistant à exposer la canne découpée en
rouelles à l'action de l'étuve ou du soleil pour être traitée soit
en France, soit sur les lieux, ont donné des résultats mer-
veilleux dans le laboratoire du chimiste ; mais ces méthodes
ont complétement échoué devant l'expérimentation manufacturière. Qui ne se rappelle l'émotion et les espérances des
planteurs lorsque, par les ordres du ministre de la marine, les
Annales maritimes et coloniales publiaient en 1842 les pre-
mières expériences de MM. Dombasle et Péligot? Toutes ces
illusions ont été remplacées par la plus cruelle déception.

Depuis bientôt quinze ans, les colonies demandent en vain
des perfectionnements nouveaux à la science ; elles mettent à
sa disposition tous les capitaux dont elles peuvent disposer.
L'Exposition universelle, qui vient d'étonner le monde, appelait
l'attention des visiteurs sur les belles usines confectionnées
pour les colonies et particulièrement pour la Réunion. Il n'est
donc plus permis de faire tomber sur elles la responsabilité du
prix de revient, ni de les accuser de rester dans l'ornière des
routines.

Il serait plus équitable de féliciter les colons de l'activité
intelligente et du courage qu'ils ont développés pour féconder
leur industrie et doter la France des grands avantages qu'elle

en retire. Je ne peux résister au besoin de citer quelques noms d'entre ceux qui y ont le plus contribué.

Le plus célèbre agronome de la Réunion, M. le baron J. Des Bassayns, applique dans ses vastes domaines les plus savantes méthodes au prix de l'or, et ouvre sa bourse à ceux de ses concitoyens qui veulent le suivre dans son œuvre régénératrice.

L'un de ses frères, aujourd'hui président du conseil-général, pénètre plus avant dans la science d'application manufacturière ; il entretient des relations avec des chimistes éminents, et expérimente à grands frais des procédés perfectionnés.

M. O. Lemarchand, frappé de l'abandon de culture sur des terres réunissant pour la végétation les plus heureuses conditions géologiques, mais rendues stériles par une sécheresse permanente, entreprend à ses frais personnels un gigantesque travail d'art, et va chercher à plusieurs milliers de mètres des masses d'eau pour irriguer ces terres. Il creuse des canaux, perce des tunnels, construit des aquéducs et des ponts. Là où il ne croissait naguère qu'une herbe inutile, le voyageur étonné contemple aujourd'hui une des plus belles usines des colonies !.

M. Vincent importe le premier à la Réunion le procédé de la cuisson du jus de la canne par le vide ; il installe dans ses domaines, à des prix fabuleux, des usines sorties des célèbres fonderies de la maison Derosne et Cail.

M. Le Coat de Kerviguen, à l'exemple de M. Lemarchand, creuse des canaux d'irrigation dans un parcours considérable, perce des montagnes et va prendre au loin l'eau qui rend à la culture, dans plusieurs communes, une immense étendue de terres.

Je pourrais citer bien d'autres noms qui n'ont pas moins contribué au développement de l'industrie sucrière.

Aux Antilles, le même mouvement d'activité s'était manifesté avant 1848 ; MM. Segond et Bourscorens y avaient introduit ces machines dont l'installation a coûté 1,200,000 fr.

En France, l'agriculture n'est pas plus avancée que dans les colonies : *La France, en effet, est bien en arrière de ses voisins, qui l'accusent aussi de persister dans l'esprit de routine.....* M. le maréchal Bugeaud, dans l'une de ses savantes observations agronomiques, signalait cette infériorité qui n'est que trop constatée par les relevés officiels. Nous retirons à peine 13 hectolitres de blé par hectare, contre 22 l'Allemagne ; 24 la Belgique ; 25 l'Angleterre. Si la France produisait dans la même proportion que l'Angleterre, elle récolterait 350 *millions* d'hectolitres de blé, au lieu de 140 *millions*.

Sur 52,305,741 hectares de terre, la France n'en livre à l'agriculture que 25,500,075 !

Les causes de ces différences proviennent du défaut d'adoption des bonnes méthodes et de la parcimonie des moyens d'action. En veut-on une preuve ? on sait quelle influence le guano exerce sur les cultures. Eh bien ! tandis que l'Angleterre en importait 300 *mille tonnes*, la France bornait ses importations, dans la même période, à 12 *mille tonnes !* Dans l'intérêt des ports d'armement, un droit presque prohibitif de 36 fr. par tonne, frappe le guano introduit par navires étrangers.

Au début de ces notes, j'ai dit que *l'égalité dans les tarifs de droits n'était pas un principe absolu.* J'ajoute maintenant qu'elle doit être encore moins *le but du Gouvernement.* Ce but le seul digne de préoccuper une grande nation indus-

trielle, doit être *la co-existence des deux industries françaises.*

Le Gouvernement vient de le déclarer dans l'une de ses plus
récentes communications au Corps législatif : « Observateur
« attentif des faits, le Gouvernement, sans s'occuper de théo-
« ries spécieuses ou de doctrines plus ou moins absolues, s'ef-
« force de donner à chaque intérêt la satisfaction qu'il est pos-
« sible de lui accorder sans compromettre l'ensemble de la
« richesse publique. . . . . . Cette protection ne doit pas être
« aveugle, immuable ou excessive ; *mais le principe protec-*
« *teur doit être fortement maintenu.* »

C'est ce principe qui a fortifié la sucrerie indigène au temps
de sa faiblesse contre le sucre colonial ; il l'a soutenue dès
son berceau, en 1826, et il ne l'a livrée à elle-même qu'en
1843, au moment où elle était « à la veille d'anéantir sa ri-
« vale, » qu'elle avait épuisée par les immunités qu'elle solli-
citait toujours, et que ses organes puissants obtenaient du
pouvoir.

Ce principe de la co-existence a été solennellement proclamé
en 1841, par M. Dumas, qui occupait le ministère de l'agriculture et du commerce. On a dit, avec une grande raison, qu'il
devait se concilier avec un système propre à développer la
consommation, qui est en France de trois kilogrammes par in-
dividu, tandis que, dans d'autres pays, elle s'élève jusqu'à
dix-neuf kilogrammes. L'abaissement du droit normal peut
seul réaliser cette espérance. Une mesure analogue a produit,
en Angleterre, les résultats suivants : de 200 millions, la consommation s'est élevée, de 1843 à 1849, à plus de 300 millions, et les revenus du trésor ont été augmentés,

Dans cette idée, le principe de la taxe différentielle devient une loi encore plus impérieuse ; il permettra de conserver le sucre exotique, et mettra à la portée des classes les moins favorisées cette substance que le gouverneur de Sainte-Lucie appelait « cette autre grande nécessité de la vie. »

CH. FÉRY D'ESCLANDS.

Paris, 6 juin 1856.

Paris. Imp. de L. TINTERLIN ET Cⁱᵉ., rue Nᵉ-des-Bons-Enfants, 3.